Julien Quittelier

Les yeux sous lesquels les larmes

signent résonances

Du même auteur

Aux légions de l'azur,

Vespéral de l'être,

Sonnets du levant lacrymal,

La transparence des bleuités,

Les cimetières hallucinés,

La philosophie de l'anamnèse, tome I

Brise-Poésies,

Le sillage des pâleurs sonores,

Brève étude psychédélique dans la psyché de Théo Anastal,

Journal de Stanislas Pétrovitch, tome I

Édition : Books on Demand,
12/14 rond-Point des Champs-Elysées, 75008 Paris
Impression : BoD - Books on Demand, Norderstedt, Allemagne
ISBN : 9782810623044
Dépôt légal : Mars 2021

À Robert Walser.

Dans les délices valéryennes limogées, si ce n'est telles mallarméennes, d'une strophe à l'autre le merveilleux de la nuit se fait lettres du jour à replacer dans les crépuscules dont la mélancolie est le visage de toutes les possibilités ; comme écloses du navire de Hugo au navire de Rimbaud ; presque filantes mais encore filantes.

Table des matières

1 — Poèmes de Bruxelles à Paris

Prométhée si ce n'est Zarathoustra

Dans le fatras des rêves de syncope,
Presque figé (superbement failli),
Dans un pays où le monde est un trope,
Superbement lors d'un simple hallali

La nuit, encor, encor la nuit psychique ;
Il se souvient des jours sans froid ni pleur,
Sa santé coule en mescal schématique :
Voyant périr les graves de son cœur.

Dans le sursaut des lieux de mescaline,
Néantisé par l'enjeu des Carmels,
Il plonge Orée en ce qui ne le mine
De graviter en psaumes personnels ;

L'erreur des cieux imite le langage :
S'en va mourir en synonyme abstrus,
Quand simplement d'un soleil d'azurage
Il rend saillants les compliments bossus :

— Valse létal que roses soient, lanternes,
Abolit l'art que l'âge soit mental ;
Ainsi que vont les dépotoirs des cernes
S'en va rêver les agrégats du mal —

Seul Dieu peut le juger pour ce qu'il aime,
Octave émue et sans qu'il soit défunt
Hait tous les gens de n'être chrysanthème
À son corps feint des aubades du Rien.

Non pas Satan ! (ô moines !) Des sylphides
Gauches font l'air de talents séraphins ;
Des cancrelats crus comme des hybrides
Lui font haïr tous les pins et les vins ;

Non pas foutu car tous les riens se valent,
Mais tourmenté car s'il ne se repent
Il voit la mort que les rivets ravalent,
Induction feinte en un ciel latent.

Aveugle ! Aveugle ! Aimantez vos andantes
S'il croise, ô perle, un trop-plein d'inespoir,
Car filez alme au gré des précédentes
Pour qu'il soit vif de nerveux nonchaloir !

Jadis, enfant, des carnages lui firent…
(Voyez-vous donc ces ingénus menteurs ?)
Les yeux de joug quand des planctons bondirent
Au corps d'archange assermenté des heurts.

Quelle hauteur à présent il enseigne !
Loin du marasme accru de boniments ;
Mais dans sa chair s'il sait encor qu'il saigne

C'est pour demain révérer les déments !

Pourtant, s'il meurt à seconde morale,
C'est que sa trame esquisse son destin :
« Lisez mes yeux de n'être vespérale :
Votre gant rose abolit mon fusain… »

Qu'adieuse encor soit la clarté des Limbes
Innommée où le maelstrom désapprend ;
C'est la nuitée à ces vêpres et nimbes :
Conclurent tels qu'un froid scintillement !

Le tombeau de Hugo, Victor

Le grand je de Hugo fut l'azurement nôtre
Où dans son hermétique éclose à tous les maux
Sylphide et le dieu sien font ce vent des rameaux
Si Rose solennelle en claire patenôtre.

Les sons de l'outre-tombe, en larguant chaque apôtre,
Chuchotent vertébrale une alcôve d'émaux,
La voix inchoative, et les bois hiémaux
Tempêtent perceptifs qu'un espoir soit tout autre.

Mais alors je ressens qu'à trente ans je ne peux
Également saisir ce lent reg sirupeux
Qui, las, miroite et bêche en feuil de cent tristesses ;

Tel loin n'est le tombeau... S'il suffit de se voir,
Quelle abstruse beauté quand je sens ce mouroir…
En mon je presque je : me nommer loin des messes !

Entre cartésianisme et surréalisme : le rêve

Ma peine est si diffuse en césurant le temps
Que le secours de l'âme est pareillement l'âme,
Désertent les parvis des Platon redondants ;
Fulminent des auras sur ma cime de drame.

Qu'allumer le feu soit la victoire damnée,
Je suis très haut loué par des fonts baptismaux
Le reclus aveuglé de logicisme et Fée
À s'en crever l'éden par la secte des maux.

Graphie d'un presque vert

Au gouffre tortueux des aubades sanguines,
Le rocher de Sisyphe aborde quelque Orant,
Nous sommes Belzébuth : nos livres-mescalines
Ont la couleur mystique où tout s'obombre et fend.

2 — La lumière noire de la pensée

EMI

Je vois tel quel le jeu des vêpres tisserandes,
Il m'en reste si peu… N'en demeure que j'ai
Ajourné ma ballade au longe-éther des landes
En lesquelles, sain cœur, l'archange se connaît,

Par trois fois j'ai signé l'ode testamentaire,
J'ai calligraphié l'âme en dimensions,
Je me suis excusé, brisant la glace aptère,
J'ai souffert de ces mots : les lamentations.

Feu dès-lors, je ne vis. Des brise-âmes m'ensoufrent,
Je suis dans un maillet de forces de Kairos,
Les succubes sombrés à défaut qu'ils se souffrent
Font maint corps-gredin l'art de railler sur un os.

M'exhalent bas-astral les bains chauds des sylphides,
Quand ce n'est pour pleurer des rouillés boniments,
Je me vois dans quelque Er tracer des points nitides
Mon élytre se crève au gré des plombs battants ;

Fier, je dis ''non'' d'aubade en aubade mentales,
Je ne dis : ''Prométhée a le sceau des Carmels'',
Mon visage en bouillie effeuille de létales
Roses. Plaît-il spectreux : un reg, là-bas, aux ciels.

Vous me faites songer aux mimes des défuntes,
Tel rouge-mescaline assaille ce midi
Jusqu'à tant que s'éclose un bleu-nuit d'eaux éteintes,
Me nommer os et chair : émail sur le minuit.

Paris s'envient, je file en l'azurage idoine,
L'intrinsèque rigueur grille les ponts d'antan,
Et, me voyant, seul don, le pastiche du moine,
J'enquête sur l'aurore à repriser le vent,

La belle de Vénus semble alme en Notre-Dame,
Quant à fuir : il faut l'âge et le cœur putrescent,
N'angélusez pas l'Arc et la Flèche de femme,
Quant à pleurer : elle est sur l'accroc de l'étant.

Faut-il me pleurer, roide, abstrus, brise marine,
Faut-il encor l'ellipse à se voir plus que voir ?
Et ma chair ? Faudrait-il aliter l'alcaline
Quand le cauchemar perle en graph de reposoir ?

Quelle lumière noire au-dedans de l'alcôve !
Un par un, mes chers cœurs dictent qu'amour est Grand…
Ma défunte fiévreuse écrit ce qui rénove
Le mausolée astral mû des psychés de Pan.

Maldoror aux graphs du Soleil

Ainsi sont dans ces nuits ces séquelles splendides,
Visages d'autrefois… Je n'ai que quelques rides,
Je n'ai que quelque peau, que quelque continent ;
Je n'ai que quelque espoir, que quelque écli de sang ;

Je vous parle du gouffre aux aléas de l'âme,
Et nulle nation, non plus d'épithalame,
Quelque intellect imbu d'archaïques revers
Qui firent ces fléaux ces palans des enfers ;

Je parle insoucieux des étoiles vengées,
Qui pour reluire ont fui la racle des Ramées ;
Et puis, alors ? Et puis ? Je n'ai pas de sabir :
Les larmes sont des puits de nos pareils souffrir ;

Ainsi sont dans ces nuits ces séquelles splendides,
Il est si tôt, l'heure erre en manèges putrides ;
J'ai quelque éclat de sel et quelque amour mentor
En souffrir auroral… Et puis ? Et puis encor ?

En fait, dans ce rimoir de métriques souffrances
Il m'apparaît souvent le relais des mouvances,
Quant à pleurer : il reste aeternam : je vous dis :
La relativité des fièvres de nos lits.

Ainsi suivant ces nuits la vengeresse aurore ;
Et puis ? Il nous faudrait… Car, écoutez : s'il dore
Quelque soleil nos peaux c'est quand l'art de valeur
Vacille entre sommeil et quelque azur penseur.

Ils furent Belzébuth

Comme raflant le ciel par des psaumes lubriques,
Ils s'élèvent flammés tels de grands séraphins ;
L'œil bouffi de sopor aux printemps schématiques,
L'orteil en bec-de-trouille en lieu des grasses mains,
L'imminence en deux points balafre leurs ravins !

Ils fuient le nom du Christ et les grecques marées
— Et Rome, qui dans leurs sangs a tracé leur art,
Les langues et l'Égypte au tréma des trophées ;
Ils fuient absurdement quand vain n'est leur départ
Passeurs de l'almanach : les esthètes du tard ;

Ils appareillent hors des combles déifiques,
Encerclés de pâle ombre, et de bleus alanguis
Si tant est qu'ils défont les insignes cantiques
Fignolant en lettrage en dedans de leurs plis
Mystiques ou sanguins : collatérales nuits.

Ils furent Belzébuth ; d'ici-bas des helminthes
Les rongeaient résidus de résignation,
Ils parlèrent quidams et des missives saintes ;
Ils pleurèrent du pleur comme un pieux poison
À sertir d'or la Croix de l'introspection !

Au pied des brouillards

Il est comme abattu d'un vide plein de sens,
Tout ce qu'il dit peut être ajourné de silence,
Et quand il s'en rend compte il allume l'encens
De sa paralysie atteignant sa présence.

Plus jamais il n'aura d'intellectives peines,
Car voilà qu'il prend fuite où l'on sait se bénir,
Sacerdoce et plaisir aux rideaux de ses scènes
Tombent pareillement plus beaux que l'air souffrir.

Monsieur Rumine

C'est ce séjour plus sain dont le départ est fuites,
Où des cristaux de plombe et les dieux et les rites
Remplacent le poème en veule élection,
Et dont l'extrême appel suscite la raison,
L'exact lieu plutôt prêt à hurler ce qui manque,
Est plus que sépulture au taiseux saltimbanque :
C'est un lieu pour Rumine... à qui l'on doit ses tafs,
D'une emprise gothique avec partout des graphs,
Et par donquichottisme au bréviaire pirate,
L'on perçoit son penchant : un tiers aristocrate,
Deux tiers déculturé. S'il ne lit c'est qu'il sait,
— À plus forte raison de ce qu'il en extrait,
Que tous les écrivains, en pensant ne se taire,
Se sont tus par mégarde en nommant leur contraire.

Comme Monsieur Rumine avoue être au-dessus,
Il écrit sur ses morts, sur des sens décousus,
Sur le fond de nos maux, sur tous ceux-là qui meurent,
Sur les drames de Cour, quand les briguants s'apeurent,
Les batailles de l'être et les tourments réels ;
Il continue, en fièvre, en proie aux seuls Appels.

Il découvre un surplus de rêve, parallèle
À ce qui semble aimer ou haïr la plus belle,

Il ne sent plus qu'il sent, il se voit n'importe où
Comme dans un miroir de l'ambre et du bijou,
Quand il s'entend ! Il souffre à nommer la Lumière,
Transvasée au bijou d'un Orient sans Père.

Quand il s'endort, il hurle en demandant pardon,
Tout contorsionné de se vanter sans don,
Il hurle comme si sa vie était de celles
Que l'on bafoue en lâche en crachant des chapelles.
S'il dort c'est qu'il voyage, au-dedans des beautés ;
Il admire des teints, des croquis de bontés,
Des mondes souterrains, des lieux de l'Hespéride,
Et quand après une heure il se réveille avide
Il entrevoit l'Enfer de l'ici-bas sommé
En Navire du mal sur l'Océan blessé.

Il vit seul, avec l'âge il comprend les ascètes,
Les mystiques, il sait qu'à chacune des fêtes,
Il devra paraître ivre, or il sait qu'il pourra
Ressasser son enfance en mentant qu'il aura
La bénédiction d'un être de fortune,
Qui certes l'aimera sans l'aimer par rancune ;
Il sera seul, sans Père, il cherchera ses yeux,
Son miroir lui dira qu'ils sont deux blocs poudreux,
Faillibles, agencés humainement bleuâtres,
De la haine en leur fond, des mimes dans les âtres,
Il lui dira que non… Dieu… Peut-être… L'Enfer…
Peut-être… Le Néant ? Peut-être… Avec du fer

L'or est toujours si loin qu'on s'éloigne des mines,
Et que fuir, là, peut-être est-ce en lames marines.

À l'opéra, s'il sait déceler les défauts…
— Les plus infimes creux et les moindres sursauts,
C'est qu'une Omniscience a percé sa mémoire
Pour remplacer la Bête, affligé de le croire.
Il sourcille, il éructe, animé d'un ardent
Plaisir de désosser le Ponte assermentant.

Quand parler à quelqu'un lui vient d'un air absurde,
Il tente d'expliquer que le Cochon et Dieu*
Sont en nous séparés par un quelconque lieu,
Mais que se prendre pour l'un fait de l'œil à l'autre
Et qu'en nous écartant du lavis de l'Apôtre
Le Cochon serait mieux poétique ou papal,
À bouffer pour trois gras avec du gras santal.

Pour lors, Monsieur Rumine est tout à fait hors-normes,
Il sait jeûner dix jours, sans qualités difformes,
Il sait parler de tout : des mythes jusqu'aux maths…

Mais le plus important : c'est que Monsieur Rumine
Rumine.

Et jusqu'au bout de la pensée, au ras
De la limite ardue en arrêtant ses pas,
Son affectivité culmine à la déroute,

Il ne sait plus juger quelle déserte route
Emprunter pour soigner l'horizon incertain
Auquel sont prisonniers ses sens et son demain.

3 — Les synesthésies de la Perception

À l'aube des dernières mescalines

En le froid lactescent des amours langagières,
Le poète chemine à sa tâche : il ressent
L'ellipse de la vie, alors que des ornières
L'empêchent de crier entre les sons et sens*.

Il voit des lions clos dans la bourbe verdâtre,
La voix fluorescente est l'un d'eux qui s'éteint ;
Des bises de flambeau se perpétuent en l'âtre
Où l'on voit des sons bleus feints de sens qui les tient.

Il lit des plombes d'Astre au violet des souches,
Le vent exotérique, Exil des pesanteurs,
Le grêle comme un dieu sait jouer aux cartouches,
Se regardant, parfait : non-physique de pleurs.

Les lieux fous de Turner rivalisent d'extase
Quand il lit sépulcral les poinçons de Rimbaud,
Ah ! Comme amour et haine incombent à la vase
En s'exsudant d'un tiers faussement de tombeau.

S'il fait miroiter l'os avec l'âme d'un aigle,
C'est qu'il écrit, midi le fait sonner galant,
Bohème irradiant les Comètes sans règle,
Quelque aurore encor bleue arbore son étant.

De posthumes dauphins le mènent indomptable,
Tel où… du flot chanter sa cantate de legs,
L'île de la psychose et s'il se voit notable
Comme un ciel de lent quartz chutant sur les grands regs.

Incessibilité

Qu'éclose ainsi soit-il la Filandre des nuits !
Je le jure : je sais les hallalis des odes ;
— Je ne pleure pas plus que tel taf des rhapsodes ;
Avouez-moi la peine en atoll. Si je fuis
Qu'éclose ainsi soit-il la Filandre des nuits…

Mimez-vous ! Mirifique est l'art des Carmélites !
Ne fais-je qu'impenser dans leur nacre ou leur khôl…
Quand l'une d'elles file un azurage-alcool,
Je me détruis si plein que Bacchantes sont fuites,
Mimez-vous ! Mirifique est l'art des Carmélites !

Dénommez-moi quidam des déments défleuris
Quand sermonner pour deux quelque esquisse elliptique ;
Sous des graphs olympiens, j'encoche ma supplique :
La bleuité des cieux ; si ce n'est dans Paris
Dénommez-moi quidam des déments défleuris ;

Sitôt, cœur de tombeau, l'obscurité mentale,
Faites madone au Styx du silencieux ciel,
Que la lenteur implose à rayon personnel,
N'entends-je pas le bruit des canon et chorale
Sitôt, cœur de tombeau : l'obscurité mentale ;

Qu'éclose ainsi soit-il la Filandre des nuits !
Je le jure : je sais les hallalis des odes ;
— Je ne pleure pas plus que tel taf des rhapsodes ;
Avouez-moi la peine en atoll. Si je fuis
Qu'éclose ainsi soit-il la Filandre des nuits…

Sous-entend l'anamnèse

Le sens lourd de se voir sous-entend l'anamnèse,
Le vœu d'omniscience est tari par Éos
Se fauchant de vulgate ou s'il faut qu'il se taise,
Il se voit, comme un ambre, à l'encre du Cosmos,

Des maîtres ? En faut-il pour se prêter leur nom
Telle une gomme intacte abstruse de ratures ?
Quand exsude un Tombeau se ramifiant pont
La Mémoire d'Automne effleurit les statures.

Mes mots sont implorants… — Que l'hosanna soit l'Île —,
Car vous savez : les Styx, les maux que l'on se peint,
La glace intérieure, et les rêves d'un style :
Le thyrse de la vie… Hérétique ou très saint.

Pour laisser une trace avec un ricochet,
Nous voyons qu'il est vain d'effeuiller l'autre rive,
Qu'il est beau personnels de nous mentir s'il plaît
En nous-mêmes ce roi plus qu'améthyste vive.

Plus qu'éteindre les ciels, par là : nous voyons l'astre,
C'est la nuit que l'on voit le plus loin… si je crois
Que bloc n'est pas maquette. Et seuls pour tout désastre
Nous aimer Solitude, Où ?… Sans clou de la croix !

On a vendu le mal, un billot l'a tiédi ;
Tambour ! Fracassez l'art d'un point qui tonne et s'ourle,
Les ciels ont bien filé : le psaume de la nuit
A surfait le surnom qui dans le songe éclipse*.

Vous ! Vous la messagère, arc-en-cielisez l'âme,
À quoi servent mes yeux s'il ne me reste qu'un
Seul objet : mon corps frêle, attendez ! : C'est la flamme
Quand nous prions pour vivre en mimant le lointain…

Ce sont nos cendres… Puisque il faut nommer nos morts,
Quand on se dit aimés les chrysanthèmes perlent,
La grêle vient nous nuire, on se bat corps à corps,
On se lève amoureux quand les néants s'emperlent,

Emperlent sans Trophée, incessamment, plus graves,
Puis un ange s'empêche, il nous nomme défunts,
Des sentiments plus lents tout comme mille laves
Exhument notre feu par nos sourires feints.

Plus que chercher au Nord le cri des angelots,
Le cri du cristal, nous, dans les similitudes ;
Non sans aimer, haïr ; nous serons ces halos
Dans le quartz des Levants, le reg des amplitudes.

Des Ligues de sténos s'agrègent aux lieux pâles

Des Ligues de sténos s'agrègent aux lieux pâles :
On peut voir, lamés d'or, des helvètes brassés ;
Des cliquetis verdis de calanques australes
Et l'affectif rayon du magma des saignés ;

Je murmure d'Alors des plateaux de latence,
L'infini longuement des dorures de jais,
Si ce n'est la lumière où l'agrégat noir tance
Pour pleurer d'être soi d'être aux serres des rais ;

Dès lors, le toit bâillant de vêpres se préface :
Des entités d'algèbre apposent leurs amplis ;
Je me vois tel qu'éclot l'horizon de mélasse :
À m'y tarir christique en Baïkal demis ;

Il se lève des sons d'extorsion volages
Comme des déploiements de chars ultramarins,
Je m'entends m'abolir en rancuniers lettrages
Dont la graphie appelle un charnier de Festins ;

Si ce que je vois longe un Paradis de limbes…
Il faut que je me voie en pareils errements :
Récuser le futur pour qu'au sommet les nimbes
Gracient de la douleur les jadis désarmants :

Ce sont alors mes yeux de stèles langagières
Réflexifs. — Or, moraux de ciel synesthésié,
Ils font aériens telle âme des Minières
Tel feu qui s'en va clore un sépulcre grêlé.

La cellule de tilleuls

Sous les tilleuls cramés par d'invisibles mites,
L'élégance du mort bâille comme un corbeau,
Un maelstrom d'orangers croule sur les termites
Quand l'infini crachote un air de tombereau !

Les voyez-vous ? Ces las exubérants de trouille ?
Ils cueillent la vengeance avec des mains de preux,
Quand de l'aura fauchée un bouche-trous en rouille
Les ravale bottés tels bellement lépreux !

4 — À Fernando Pessoa

Triptyque à Pessoa

I.   Subjectivisme

Dès lors que ma pensée est l'élément sensible,
De la vitesse à ciel mauve dès qu'une cible :
Lumière dans le train psychiquement latent,
Je vole tournoyant sous l'été pâlement.

II.   Psychologie du statisme

L'homme sur la théière a mon regard semblable,
Il doit certainement croire que c'est rentable
De verser du thé vert dans des éléments bleus ;
Il doit bien respirer le psychisme des lieux.

III.   Mystique de la littérature

Divinement chercheur des signes hypnotiques,
Au cœur d'Astrologie et d'opus magnétiques,
L'hétéronyme crée un dieu divers par où
Ce qui semble le Vrai s'échappe on ne sait où…

Stade esthétique

— Selon les trois stades kierkegaardiens

Quant au religieux tel est cité volage,
Mais penser à tel cloître en nous, même azurage,
Des labours filandreux auxquels on doit mentir :
Celui qui ment commence à marcher vers l'Ophir.

Mais c'est bien l'esthétique en nous-mêmes très saints
Qui trace les roulis pour qui les cieux lointains
Sont du vieil âge ou s'il s'agit encor des noces
Sont les plus compliqués dans l'oasis des fosses.

La place de la pluie dans l'intranquillité

Il pleut gris sans redite et les vitraux sont pleins,
L'attention fait fièvre et je me sens sans ville,
Je ne vois que le ciel comme si les Dieux feints
Avaient brandi la Source ensemble puis à mille.

Le don de se voir dans l'intranquillité

Certaines personnes ont le don de se voir tel que, je suppose, les gens les voient. Pour ma part, j'ai lu dans les livres de ceux qui ont cette faculté que se voir est, à priori, un don. Pour en citer un contemporain, écrivain, Bernard Werber aurait acquis ce don. Ce cas de figure reste, bien sûr, et même dans les écrits, rarissime. Et, au fond, mis à part dans les EMI, je ne raccroche pas ce phénomène ni à un ésotérisme ni à un mysticisme, ni même à une introspection. Ceci dit, beaucoup d'allusions sur le sujet, comme dans Les portes de la perception où Huxley l'illustre en terme de « don ».

Quelques cas ont été soumis à l'écrit (romans, nouvelles, etc.) comme quoi certaines substances (la plupart du temps psychédéliques) favoriseraient l'apparition fulgurante de ce don. Le livre de l'intranquillité est écrit sous l'hétéronyme de Bernardo Soares, j'ignore (n'ayant pas lu l'intégralité des œuvres) si Fernando Pessoa avait lui-même ce don ; le mentionnant à plusieurs reprises dans Le livre de l'intranquillité.

Dans ses lettres, il est beaucoup question de magnétisme et d'hypnose (parce que, dit-il, il serait hystérique, entre autres), peut-être s'agirait-il d'une expérience au cours de l'une de ces séances… Mais certaines personnes se voient et, il me semble, sans qu'elles aient recours à l'hypnose ou au magnétisme. Cette faculté est décrite dans le livre de l'intranquillité.

5 — Diviniser

La divinité de Martin Eden

Ruth, la trop évidente aimée de Martin Eden, est à plusieurs reprises considérée comme séraphique, intemporelle mais surtout omnisciente ; autrement dit dotée d'une « objectivité divine » : celle qui a le pouvoir d'interpréter objectivement l'existant de Martin Eden. Elle a une condition socio-économique supérieure. Un bagage culturel supérieur. Une beauté supérieure. Une personnalité supérieure. Martin Eden, marin, doté de trop peu de culture vis-à-vis de Ruth, va dans un premier temps diviniser les aspects extérieurs de Ruth. C'est par la suite qu'il va diviniser sa culture et plus précisément sa culture livresque et politique. Dans ce cas, ce n'est pas de l'amour, en tout cas pas encore, c'est une fascination qui porte sur des éléments sociaux et culturels ; plus distinctement c'est une hyperbole quasi mystique : les éléments invisibles deviennent compréhensibles et porteurs d'intersubjectivité. On pense qu'il tombe amoureux, mais il ne fait que diviniser les attributs de Ruth. Et, lui aussi, fantasme d'atteindre une telle richesse. C'est alors que commence sa lutte acharnée : il désire atteindre ce dont sont dotés les Dieux : l'omniscience. Il y a donc confrontation et rapport de forces : il y a bel et bien, pour paraphraser une notion de Bachelard introduite dans son livre La psychanalyse du feu, un Complexe de Prométhée ; ce qui est sensé (et davantage lorsqu'on met cela en parallèle à l'histoire de Jack London). Mais, non, Martin Eden n'est pas un roman d'amour. Il réfute de manière magistrale la note de Nietzsche : « Deviens ce que tu es ». C'est un roman, extrêmement, valéryen. Il est moins question de sentimentalité (ni même de sensualité) que d'intellectualité.

Complexe de Prométhée

Le feu de l'égérie a nagé sur les cimes,
Dans mes creux j'ai tenté le plus beau de mes crimes,
Surpasser l'incendie en éteignant mes maux ;
Jouer le jeu du sage et bénir les émaux.

Paysage au chandelier

Écrire c'est ma foi pour atteindre une aurore,
Je la vois de très loin tarir latents mes spleens,
La muse s'y fédère avec un air d'encore,
Encore lire et fuir ce moi-même antarctique*.

Brûlure de la détermination

Écrire à chaque aurore et tenter de fleurir
Les journaux contempteurs des Ligues enneigées,
Je suis moi l'esthétique aux volages Brassées
De se brûler la chair jusqu'en cime à périr.

Les cimes sont navrantes

Ce que tu n'es n'est pas forcément ton chemin,
Devenir est bien plus quand ce n'est le destin,
Je m'en déduis non-homme aux mers de tous calvaires,
Je m'en remets aux fonds des ellipses polaires.

6 — Si on me dit que je n'ai pas de Bible

Hors...

Seul avec mon râteau je creuserai des Aubes,
Je remuerai les fleurs de mon élection,
J'irai, peut-être, en nuit, sur des blancs et des Robes,
M'alanguir très seul, las, loin — hormis ma raison.

Paupières transes-lucides

Ce ne doit pas être la question du suicide dont Camus parle dans Le mythe de Sisyphe. Mais plutôt, de façon davantage perspicace, parler en terme(s) de partie(s) de nous-mêmes. La question la plus urgente qui se pose si on veut, philosophiquement, scientifiquement, etc., parler du suicide, c'est quelle partie en nous-mêmes « voulons »-nous abolir. Ce n'est pas l'existant dans sa complétude, c'est une partie, infime, interne ou externe, dont on a conscience ou non, qui pose la véritable problématique du besoin d'extirpation. Quant à Martin Eden ? (pour citer un exemple romanesque connu de beaucoup) Il s'agit de l'illusion exponentielle de la relative citation de Nietzsche « Deviens ce que tu es ».

Chaque larme est une sonate

Sonne une larme, sonne encor : sonne ancestrale,
Quel est le son plus pâle à scander blanc plus pur...
Il résonne des Dieux, des frissons de chorale
Au-dedans de la chair comme un dais sous l'azur.

Larmes en volutes de subjectivité

Le ciel n'est bleu — Vermeil — de cela quelque Archange
Paraît Lumière noire au gré des fonds marins,
Bacchantes et Bacchus tracent, au feutre orange,
Le retard de leurs ciels sous l'alpha de leurs fins.

Le désir et le non-désir de l'objectivité

Je veux nommer la mer en extrêmes vocables,
S'il faut des sons muets mon mutisme en est fait,
Si ce soleil est feint de voûtes impensables,
Je veux l'écrire et même avec tel divers trait.

Les labours crépusculaires

Renoncer jusqu'au soir… Puis ? Dormir des pâleurs ?
S'il faut encor creuser je pleurerai supplique,
Je penserai de fonte en laquelle… mes pleurs
Signeront ce qui tonne et hurle ou s'authentique.

FIN DU TOME

À propos de l'auteur

Écrivain, romancier et poète belge d'expression française. Auteur d'une quinzaine de livres. Est spécialiste du symbolisme et prépare une thèse sur Paul Valéry à qui il a dédié le recueil de poésie Les cimetières hallucinés (L'Harmattan, 2020). Publie sous plusieurs hétéronymes et dans plusieurs revues. A publié sur Le capital des mots et sur La cause littéraire. Son œuvre poétique de jeunesse, Vespéral de l'être, est publiée chez ELP (2019).